ASSOCIATION PARISIENNE DES INDUSTRIELS

POUR PRÉSERVER

DES ACCIDENTS DU TRAVAIL

LES OUVRIERS DE TOUTES SPÉCIALITÉS

6, rue de la Chaussée-d'Antin, 6

INSTRUCTION PRATIQUE

POUR LES

INDUSTRIELS

OCCUPANT DES ENFANTS, APPRENTIS OU FILLES MINEURES

PARIS

IMPRIMERIE ET LIBRAIRIE CENTRALES DES CHEMINS DE FER

IMPRIMERIE CHAIX

SOCIÉTÉ ANONYME AU CAPITAL DE SIX MILLIONS

Rue Bergère, 20

1886

ASSOCIATION PARISIENNE DES INDUSTRIELS

POUR PRÉSERVER

DES ACCIDENTS DU TRAVAIL

LES OUVRIERS DE TOUTES SPÉCIALITÉS

6, rue de la Chaussée-d'Antin, 6

INSTRUCTION PRATIQUE

POUR LES

INDUSTRIELS

OCCUPANT DES ENFANTS, APPRENTIS OU FILLES MINEURES

PARIS

IMPRIMERIE ET LIBRAIRIE CENTRALES DES CHEMINS DE FER

IMPRIMERIE CHAIX

SOCIÉTÉ ANONYME AU CAPITAL DE SIX MILLIONS

Rue Bergère, 20

1886

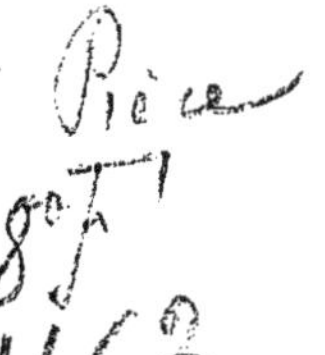

ASSOCIATION PARISIENNE

DES INDUSTRIELS

Pour préserver les Ouvriers des Accidents

LE TRAVAIL DES ENFANTS

GÉNÉRALITÉS

Les conditions du travail des enfants et des filles mineures dans l'industrie sont réglées aujourd'hui par la loi du 19 mai 1874, par les décrets et règlements d'administration publique qui en ont été la conséquence, et par les articles non abrogés de la loi d'apprentissage du 22 février 1851.

La loi de 1874 s'applique seulement au travail industriel, à l'exclusion du travail commercial et du travail agricole, à moins que ce dernier n'emprunte manifestement les procédés et le caractère du travail industriel.

Elle s'étend non seulement aux enfants des deux sexes jusqu'à 16 ans, mais encore aux filles mineures de 16 à 21 ans, et, pour les travaux souterrains seulement, aux filles et femmes de tout âge. Elle s'applique à l'industrie, dans les diverses professions qu'elle embrasse; les maçons, charpentiers, couvreurs, plombiers, fumistes, ramoneurs, plâtriers, menuisiers, cordiers, terrassiers, etc., y sont également soumis. Dans tous les cas douteux, d'ailleurs, il est laissé aux Inspecteurs, provisoirement et sous le contrôle de la justice, le soin d'apprécier s'il y a lieu ou non d'appliquer la loi.

La loi s'applique quel que soit le nombre des enfants employés, n'y en eût-il qu'un seul, quelle que soit sa nationalité, et alors même qu'il travaillerait dans l'atelier où son père et sa mère seraient employés. L'atelier de famille et l'atelier de charité, où la production n'a pas le caractère spéculatif, échappent seuls à l'inspection forcée.

Le chef d'industrie est responsable des infractions à la loi.

AGE D'ADMISSION

Nul enfant au-dessous de 10 ans ne peut être admis dans aucune manufacture ou usine, aucun atelier ou chantier.

Les enfants de 10 à 12 ans ne peuvent être admis que dans les 14 industries suivantes :

    1° Dévidage des cocons ;
    2° Filature de bourre de soie ;
    3° Filature du coton ;
    4° Filature de la laine ;
    5° Filature du lin ;
    6° Filature de la soie ;
    7° Impression à la main sur tissus ;
    8° Moulinage de la soie ;
    9° Papeterie (excepté au triage des chiffons) ;
    10° Retordage du coton ;
    11° Tulles et dentelles (fabric. mécanique des) ;
    12° Verrerie ;
    13° Dévidage du coton ;
    14° Corderie à la fendue.

Dans toutes les autres industries, les enfants ne peuvent être employés *qu'au-dessus de 12 ans.*

12 ans est donc aujourd'hui l'âge général d'admission.

TRAVAIL DE JOUR

Le travail de jour se compte de 5 heures du matin à 9 heures du soir.

Les enfants de 10 à 12 ans (dont l'emploi est autorisé dans les 14 industries spéciales mentionnées plus haut), ne peuvent travailler plus de *6 heures* par jour, coupées par un repos.

Les enfants de 12 à 15 ans, qui n'ont pas encore le certificat d'instruction primaire élémentaire, sont dans les mêmes conditions.

Les enfants au-dessus de 12 ans, ayant le certificat d'instruction primaire élémentaire, peuvent travailler *12 heures* par jour, coupées par plusieurs repos compris dans les 12 heures.

S'il s'agit d'un *apprenti,* la durée de son travail effectif journalier, de 12 à 14 ans, ne peut dépasser 10 heures. Il doit donc avoir au moins 2 heures de repos sur 12.

Les apprentis de 14 à 16 ans rentrent dans la règle commune des 12 heures de travail, coupées par plusieurs repos, sans fixation de la durée de ces repos.

TRAVAIL DE NUIT

On appelle travail de nuit le travail entre 9 heures du soir et 5 heures du matin.

Les enfants *au-dessous de 12 ans* ne peuvent *jamais* être employés à un travail de nuit.

Les garçons de 12 à 16 ans ne peuvent être employés à un travail de nuit que dans les quatre industries suivantes :

    1º Papeteries;

    2º Sucreries;

    3º Verreries;

    4º Usines métallurgiques.

Le travail de nuit peut être autorisé *temporairement* dans une usine, par décision de l'Inspecteur divisionnaire ou départemental, lorsqu'il se produit un chômage résultant d'une interruption accidentelle et de force majeure.

Le travail de nuit est interdit *aux filles mineures de 16 à 21 ans, mais seulement dans les usines et manufactures* (*).

(*) NOTA. — On appelle « Usine et Manufacture » :
    1º Les établissements à feu continu et à moteur mécanique et leurs dépendances;
    2º Les fabriques occupant plus de 20 ouvriers réunis en atelier.

Cette interdiction ne s'applique pas aux femmes mariées ou veuves.

Dans tous les cas, on ne peut employer les enfants au travail de nuit plus de *6 nuits par quinzaine.*

Dans les verreries, où le travail de nuit est partagé entre deux équipes, les enfants peuvent travailler 12 fois par quinzaine avec l'équipe de nuit à laquelle ils sont attachés.

Pour le travail de nuit, l'industriel est tenu, sous peine de contravention, de faire afficher dans ses ateliers le tableau du roulement des équipes.

TRAVAIL DES DIMANCHES ET JOURS FÉRIÉS

En principe, le travail du dimanche et des jours de fête est interdit, même en cas de chômage, aux enfants âgés de moins de 16 ans et aux filles de moins de 21 ans, même pour rangement de l'atelier.

Cependant, ce travail est autorisé pour les *garçons de 12 à 16 ans*, dans les usines suivantes et aux conditions suivantes :

1º Verreries, sauf de 8 heures du matin à 6 heures du soir ;

2º Sucreries, sauf de 6 heures du matin à midi ;

3º Papeteries, sauf de 6 heures du matin à 6 heures du soir ;

4º Usines métallurgiques, sauf de 6 heures du matin à 6 heures du soir.

TRAVAUX SOUTERRAINS

Le travail souterrain es *absolument interdit* pour les *filles et femmes*.

Il est autorisé pour les *garçons de 12 à 16 ans*, dans les conditions suivantes :

La durée du travail ne peut excéder 8 *heures* sur 24, coupées par un repos d'une heure au moins, non compris dans les 8 heures.

Les enfants ne peuvent être employés qu'au triage et au chargement du minerai, à la manœuvre et au roulage des wagonnets, à la garde et à la manœuvre des portes d'aérage, à la manœuvre des ventilateurs à bras, et autres travaux accessoires n'excédant pas leurs forces.

Les enfants occupés à faire tourner les ventilateurs ne pourront y être occupés pendant plus de quatre heures, coupées par un repos d'une demi-heure au moins.

L'emploi des enfants est subordonné, comme toujours, aux obligations de l'instruction.

TRAVAUX RÉGLEMENTÉS OU INTERDITS

Les enfants, *de 10 à 12 ans*, ne peuvent ni porter, ni traîner des fardeaux.

De 12 à 14 ans les enfants ne peuvent être chargés, sur la tête ou sur le dos, de plus de *10 kilogrammes*.

De 14 à 15 ans, de plus de *15 kilogrammes*.

Sur la voie publique, les garçons seuls, *de 14 à 16 ans*, peuvent traîner des fardeaux, dont le poids ne doit pas dépasser, véhicule compris, 100 kilogrammes.

Dans l'intérieur des ateliers et usines, les garçons et les filles *au-dessus de 12 ans* pourront traîner des fardeaux, mais seulement sur un terrain horizontal, et la charge ne devra pas dépasser, véhicule compris, 100 kilogrammes.

Il est interdit aux couvreurs et plombiers d'employer des enfants à des travaux effectués *sur les toits*.

Il est interdit d'employer des enfants *au-dessous de 16 ans* à faire tourner des appareils en sautillant sur une pédale, à faire tourner des roues horizontales, à être producteurs de force motrice dans les métiers à tisser à la main. Cette dernière interdiction s'applique aussi aux jeunes filles *de moins de 18 ans*.

Les enfants *au-dessous de 16 ans* ne peuvent être employés qu'une demi-journée de travail, divisée par un repos d'une heure au moins, à faire tourner des roues verticales ou à être producteurs de force motrice.

Il est interdit d'employer des enfants *au-dessous de 16 ans* au graissage, au nettoyage, à la visite ou à la réparation des machines ou mécanismes en marche ou dont les transmissions marchent encore, à moins que le débrayage ou le volant n'aient été calés.

Ils ne peuvent être employés dans les ateliers qui mettent en jeu des machines dont les parties dangereuses et pièces saillantes mobiles ne sont point couvertes de couvre-engrenages ou garde-mains ou autres organes protecteurs.

Ils ne peuvent être employés à pousser la matière à scier contre la scie circulaire ou à ruban, ni au travail des cisailles et autres lames tranchantes mécaniques, ni au service des robinets à vapeur.

Dans les *Verreries*, les *travaux de nuit* tolérés sont les suivants :

Aider l'ouvrier qui moule et souffle le verre, porter les objets dans les fours à recuire, présenter les outils.

Quant aux *travaux de jour*, les enfants ne peuvent être employés à cueillir le verre qu'à partir de 12 *ans*, et de 12 à 14 ans ils ne peuvent cueillir un poids de verre supérieur à 300 grammes.

Les *travaux de nuit* tolérés dans les papeteries, sucreries et usines métallurgiques, sont les suivants :

Dans les papeteries, les enfants peuvent être employés à aider les surveillants des machines et appareils, ainsi qu'aux opérations qui ont pour objet de couper, trier, ranger, rouler et apprêter le papier.

Dans les sucreries, ils sont admis à coopérer aux travaux de râperie suivants : alimenter le lavoir, secouer les sacs de pulpe, porter les sacs vides, présenter les sacs et claies. Ils peuvent être

chargés de la manœuvre de robinets à jus et à eau et être appelés
à aider les ouvriers d'état en cas de réparations urgentes. ·

Dans les usines métallurgiques, ils peuvent être employés
comme aides aux opératious des fours à puddler et à réchauffer,
à celles des fours d'affinerie et des fours de réduction, aux travaux du laminage et du martelage, à la fabrication du fer-machine
et des objets en fonte moulée de première fusion.

TRAVAUX INSALUBRES

Etablissements dans lesquels l'emploi des enfants est interdit.

ÉTABLISSEMENTS	RAISONS DE L'INTERDICTION
ABATTOIR PUBLIC	*Dangers de blessures.*
ABSINTHE (voir *Distilleries*)..	
ACIDE ARSÉNIQUE (Fabrication de l') au moyen de l'acide arsénieux et de l'acide azotique.	*Dangers d'empoisonnement, vapeurs délétères.*
ACIDE CHLORHYDRIQUE (Production de l') par décomposition des chlorures de magnésium, aluminium et autres.	*Émanations corrosives, dangers d'ac-cidents.*
ACIDE MURIATIQUE (Voir *Acide chlor-hydrique.*	
ACIDE NITRIQUE.	*Vapeurs délétères.*
ACIDE OXALIQUE (Fabrication de l') . .	*d⁰*
ACIDE PICRIQUE.	*d⁰*
ACIDE SALYCILIQUE (Fabrication au moyen de l'acide phénique)	*Émanations corrosives.*
ACIDE SULFURIQUE (Fabrication de l').	*Vapeurs irritantes et dangers de brû-lure.*
ACIDE URIQUE (Voir *Murexide*).	
AFFINAGE de l'or et de l'argent par les acides	*Vapeurs corrosives.*
ALBATRE (Sciage et polissage à sec de l')	*Poussières dangereuses.*
ALCOOLS autres que de vin, sans tra-vail de rectification.	*Dangers d'incendie.*
ALCOOLS (Distillerie agricole des) . .	*d⁰*
ALCOOL (Rectification de l')	*d⁰*

ÉTABLISSEMENTS	RAISONS DE L'INTERDICTION
ALLUMETTES CHIMIQUES (Dépôts d'), sans distinction de classes	*Dangers de brûlure et d'incendie.*
AMORCES FULMINANTES (Fabrication des), sans distinction de classes. .	*Dangers d'explosion et d'incendie.*
ANILINE (Voir *Nitrobenzine*).	
ARGENTURE sur métaux (Voir *Dorure* et *Argenture*).	
ARSÉNIATE DE POTASSE (Fabrication de l') au moyen du salpêtre	*Dangers d'empoisonnement et vapeurs délétères.*
ARTIFICE (Fabrication des pièces d').	*Dangers d'explosion et d'incendie.*
BENZINE (Fabrication et dépôts de). (Voir *Huiles de pétrole*, etc., et *Nitrobenzine*).	
BLANC DE PLOMB (Voir *Céruse*).	
BLANC DE ZINC (Fabrication de) par la combustion du métal	*Poussières nuisibles.*
BLEU DE PRUSSE (Fabrication de) (Voir *Cyanure de potassium*).	
BOITES DE CONSERVES (Soudures des).	*Gaz délétères.*
BOUILLON DE BIÈRE (Distillation (du) (Voir *Distilleries*).	
CAOUTCHOUC (Travail du), avec emploi d'huiles essentielles ou du sulfure de carbone.	*Vapeurs délétères.*
CAOUTCHOUC (Applic. des enduits du).	*d⁰*
CELLULOIDE et produits nitrés analogues (Fabrication du).	*Vapeurs nuisibles, dangers d'explosion ou de brûlure.*
CELLULOIDE et produits nitrés analogues (Ateliers de façonnage du). .	*Dangers d'explosion ou de brûlure.*
CENDRES D'ORFÈVRE (Traitement des) par le plomb.	*Vapeurs délétères.*
CENDRES GRAVELÉES.	*Dangers d'empoisonnement.*
CÉRUSE (Fabrication de la)	*d⁰*
CHIENS (Infirmeries de)	*Dangers de morsure.*
CHIFFONS (Dépôts de).	*Poussières nuisibles.*
CHIFFONS (Déchiquetage des) pour les tissus dits renaissance	*d⁰*
CHIFFONS (Traitement des) par la vapeur de l'acide chlorhydrique, sans distinction de classe.	*Émanations corrosives.*
CHLORE (Fabrication du).	*Vapeurs délétères.*
CHLORURES ALCALINS, eau de Javel (Fabrication des)	*d⁰*
CHLORURE DE CHAUX (Fabrication du).	*d⁰*
CHLORURES DE SOUFRE (Fabrication des).	*d⁰*
CHROMATE DE POTASSE (Fabrication du).	*Maladies spéciales dues aux émanations.*
CHRYSALIDES (Ateliers pour l'extraction des parties soyeuses des) . . .	*Émanations malsaines.*

ÉTABLISSEMENTS	RAISONS DE L'INTERDICTION
COLLODION (Fabrique de)	Dangers d'explosion ou de brûlure.
CRISTAUX (Polissage à sec des). . .	Poussières dangereuses.
CUIRS VERNIS (Fabrication de). . . .	Dangers d'incendie.
CUIVRE (Dérochage du), par les acides.	Vapeurs corrosives.
CYANURE DE POTASSIUM et Bleu de Prusse (Fabrication de).	Émanations malsaines.
CYANURE ROUGE DE POTASSIUM ou prussiate rouge de Potasse. . . .	Dangers d'empoisonnement.
DÉCHETS DE LAINE (Dégraissage des) (Voir *Peaux*).	
DENTELLES (Blanchissage à la Céruse des).	Poussières dangereuses.
DÉROCHAGE DU CUIVRE (Voir *Cuivre*).	
DISTILLERIES en général (Eau-de-vie, genièvre, kirsch, absinthe et autres liqueurs alcooliques.	Dangers d'incendie.
DORURE et argenture sur métaux. . .	Dangers d'empoisonnement dans le procédé au mercure; vapeurs délétères par les procédés aux acides.
EAU DE JAVEL (Fabrication d') (Voir *Chlorures alcalins*).	
EAU-DE-VIE (Voir *Distilleries*).	
EAU-FORTE (Voir *Acide nitrique*).	
ÉMAIL (Application de l') sur les métaux.	Émanations vénéneuses.
ÉMAUX (Grattage des Émaux dans les fabriques de verre mousseline). . .	Poussières dangereuses.
ÉMAUX (Fabrication d') avec fours non fumivores	Poussières vénéneuses.
ÉQUARRISSAGE des animaux	Dangers d'accidents.
ÉTAMAGE des glaces.	Vapeurs délétères.
ÉTHER (Fabrication et Dépôts d'), sans distinction de classes.	Dangers d'incendie.
ÉTOFFES (Dégraissage des) (Voir *Peaux*).	
ÉTOUPILLES (Fabrication d') avec matières explosibles.	Dangers d'explosion et d'incendie.
FER (Dérochage du)	Vapeurs délétères.
FER (Galvanisation du)	d°
FEUTRES et Visières vernis (Fabrication de).	Dangers d'incendie.
FONTE et laminage du Plomb, du Zinc et du cuivre.	Émanations malsaines.
FULMINATE de Mercure (Fabrication du)	Vapeurs délétères, dangers d'explosion.
GENIÈVRE (Voir *Distilleries*).	
GLACES (Étamage des glaces) (Voir *Étamage*).	

ÉTABLISSEMENTS	RAISONS DE L'INTERDICTION
Grès (Extraction et piquage des). . .	*Poussières dangereuses.*
Huiles de pétrole, de schiste et de goudron, essences et autres hydrocarbures employés pour l'éclairage, le chauffage, la fabrication des couleurs et vernis, le dégraissage des étoffes et autres usages	*Dangers d'incendie.*
Huiles essentielles ou essences de térébenthine, d'aspic et autres. (Voir *Huiles de pétrole, de schiste, etc*).	
Húiles extraites des schistes bitumineux (Voir *Huiles de pétrole, de schiste, etc*).	
Kirsch (Voir *Distilleries*).	
Liquides pour l'éclairage (Dépôts de), au moyen de l'alcool et des huiles essentielles.	*Dangers d'incendie.*
Liqueurs alcooliques (Voir *Distilleries*).	
Litharge (Fabrication de).	*Dangers d'empoisonnement.*
Marbres (Sciage ou polissage à sec des).	*Poussières dangereuses.*
Massicot (Fabrication du).	*Dangers d'empoisonnement.*
Matières minérales (Broyage à sec des).	*Poussières dangereuses.*
Matières colorantes (Fabrication des) au moyen de l'Aniline et de la Nitrobenzine.	*Émanations nuisibles.* *Dangers d'explosion.*
Métaux (Aiguisage et polissage des).	*Poussières dangereuses.*
Meulières et Meules (Extraction et fabrication des).	*d°*
Minium (Fabrication du). . . . . .´. .	*Dangers d'empoisonnement.*
Murexide (Fabrication de la), en vase clos par la réaction de l'acide azotique et de l'acide urique du guano.	*Vapeurs délétères.*
Nitrate de fer (Fabrication du). . .	*d°*
Nitrate de méthyle (Fabrication de).	*Dangers d'explosion.*
Nitrobenzine, Aniline et matières dérivant de la Benzine (Fabrication de)	*Vapeurs délétères.*
Olives (Tourteaux d') (Voir *Tourteaux*).	
Peaux, étoffes et déchets de laine (Dégraissage des), par les huiles de pétrole et autres hydrocarbures . . .	*Dangers de brûlures.*
Peaux de lapin et de lièvre (Coupage des poils de).	*Poussières dangereuses.*
Peaux de lièvre et de lapin (Voir *Secrétage*).	
Pétrole (Voir *Huiles de pétrole*).	

ÉTABLISSEMENTS	RAISONS DE L'INTERDICTION
PHOSPHORE (Fabrication de).....	*Vapeurs délétères.*
PIERRE (Sciage ou polissage de la)..	*Poussières dangereuses.*
PILERIES mécaniques des drogues ..	*Poussières nuisibles et parfois vénéneuses.*
PLOMB (Fonte et laminage du) (Voir *Fonte, etc.*)	
POILS DE LIÈVRE ET DE LAPIN (Voir *Sécrétage*).	
POTASSE (Voir *Chromate de potasse*).	
POUDRES ET MATIÈRES FULMINANTES (Fabrication de) (Voir aussi *Fulminate de mercure*).........	*Dangers d'explosion et d'incendie.*
PRUSSIATE DE POTASSE (Voir *Cyanure de potassium*).	
ROUGE DE PRUSSE ET D'ANGLETERRE..	*Émanations nuisibles.*
SCHISTE BITUMINEUX (Voir *Huiles de pétrole, de schiste, etc.*).	
SÉCRÉTAGE des peaux ou poils de lièvre ou de lapin..........	*Émanations délétères et poussières.*
SEL DE SOUDE (Fabrication du), avec le sulfate de soude........	*Vapeurs corrosives.*
SINAPISMES (Fabrication des), à l'aide des hydrocarbures sans distinction de classe.............	*Dangers de brûlures.*
SOUDE (Voir *Sulfate de soude*).	
SULFATE DE MERCURE (Fabrication du).	*Vapeurs corrosives.*
SULFATE DE PEROXYDE DE FER (Fabrication du) par le sulfate de protoxyde de fer et l'acide nitrique (nitrosulfate de fer).........	*Vapeurs délétères.*
SULFATE DE PROTOXYDE DE FER ou couperose verte par l'action de l'acide sulfurique sur la ferraille (Fabrication en grand du).....	*Vapeurs irritantes, dangers de brûlure.*
SULFATE DE SOUDE (Fabrication du)..	*Dégagements corrosifs.*
SULFURE D'ARSENIC (Fabrication du)..	*Danger d'empoisonnement.*
SULFURE DE CARBONE (Fabrication du).	*Vapeurs délétères, dangers d'incendie.*
SULFURE DE CARBONE (Manufactures dans lesquelles on emploie en grand le)...............	*d°*
SULFURE DE CARBONE (Dépôts de) (Suivant le régime des huiles de pétrole)...............	*d°*
SULFURE DE SODIUM (Fabrication du).	*Émanations nuisibles.*
TAFFETAS ET TOILES VERNIS (Fabrication de)............	*Dangers d'incendie.*
TOILES VERNIES (Fabrication de) (Voir *Taffetas et toiles vernis*).	
TÉRÉBENTHINE (Distillation et travail	

ÉTABLISSEMENTS	RAISONS DE L'INTERDICTION
en grand de la) (Voir *Huiles de pétrole de schiste, etc.*).	
TOURTEAUX D'OLIVES (Traitement des), par le sulfure de carbone.	*Dangers d'incendie.*
	Vapeurs insalubres, dangers d'incendie.
TUERIES D'ANIMAUX (Voir aussi *Abattoirs publics*).	*Dangers d'accidents.*
VERNIS A L'ESPRIT DE VIN (Fabrique de)	*Dangers d'incendie.*
VERNIS (Ateliers où l'on applique le), sur les cuirs, feutres, taffetas, toiles (Voir ces mots).	
VERRE (Polissage à sec du)	*Poussières dangereuses.*
VISIÈRES ET FEUTRES VERNIS (Fabrication de) (Voir *Feutres et Visières*).	

Établissements dans lesquels l'emploi des enfants est autorisé sous certaines conditions.

ÉTABLISSEMENTS	CONDITIONS
ALLUMETTES (Fabrication des), avec matières détonantes et fulminantes.	*Interdiction dans les locaux où l'on fond la pâte et où l'on trempe les allumettes. Dans les autres locaux, emploi autorisé, mais pendant 6 heures seulement sur 24.*
ALLUMETTES CHIMIQUES (Fabrication des).	*Interdiction dans les locaux où l'on fond la pâte, où l'on trempe, où l'on met en paquets ou en boîtes les allumettes. Dans les autres locaux faisant partie de ces fabriques, emploi autorisé, mais pendant 6 heures seulement sur 24.*
BATTAGE, CORDAGE ET ÉPURATION des laines, crins et plumes de literie. .	*Interdiction dans les locaux où les poussières provenant des opérations se dégagent librement.*
BATTAGE DES TAPIS EN GRAND	*Interdiction dans les locaux où les poussières provenant des opérations se dégagent librement.*
BLANCHIMENT.	*Interdiction dans les locaux où l'on dégage le chlore ou l'acide sulfureux.*

ÉTABLISSEMENTS	CONDITIONS
Boutonniers et autres emboutisseurs de métaux par moyens mécaniques.	Interdiction dans les locaux où les poussières provenant du tournage se dégagent librement.
Boyauderies (Travail des boyaux frais pour tous usages).........	Interdiction du travail des enfants pour le soufflage ; dangers d'affections pulmonaires.
Chanvre (Teillage et rouissage du) en grand (Voir aux mots Teillage et Rouissage)............	Interdiction dans les locaux où l'on effectue le teillage mécanique.
Chanvre imperméable (Voir Feutre goudronné).	
Chapeaux de feutre (Fabrication de)..............	Interdiction dans les locaux où les poussières provenant de la préparation des poils, soies, etc., se dégagent librement.
Chapeaux de soie ou autres préparés aux moyens d'un vernis (Fabrication de)...........	Interdiction dans les locaux où l'on applique ou prépare le vernis.
Chaux (Fours à)..........	Interdiction dans les locaux où les poussières provenant du broyage, du tamisage, etc., se dégagent librement.
Ciments (Fours à)........	Interdiction dans les locaux où les poussières provenant du broyage, du tamisage, etc., se dégagent librement.
Cordes a instruments en boyaux (Fabrication de) (Voir Boyauderies.)	
Coton et coton gras (Blanchisseries des déchets de).	
Crins (Teinture des)........ (Voir Teintureries).	Interdiction dans les opérations où l'on emploie le sulfure de carbone
Crins et soies de porc (Préparation des) sans fermentations. (Voir aux Soies de porc par fermentation)..	Interdiction dans les locaux où les poussières provenant des opérations se dégagent librement.
Eaux grasses (Extraction, pour la fabrication du savon et autres usages, des huiles contenues dans les).	Interdiction quand on emploie le sulfure de carbone.
Etoupes (Transformation en) des cordages hors de service, goudronnés ou non............	Interdiction dans les locaux où se dégagent des poussières.

ÉTABLISSEMENTS	CONDITIONS
FAIENCE (Fabrique de)	*Interdiction dans les locaux où se pratique l'émaillage et où il se produit des dégagements de poussières par suite du broyage, du blutage, etc.*
FEUTRE GOUDRONNÉ (Fabrication du) .	*Interdiction dans les locaux où les poussières se dégagent librement.*
FILATURE DES COCONS (Ateliers dans lesquels la) s'opère en grand, c'est-à-dire employant au moins 6 tours.	*Interdiction de l'emploi des enfants pour l'extraction des parties soyeuses ses chrysalides.*
FOURS A PLATRE, à chaux (Voir *Plâtre, Chaux*).	
IMPRESSIONS SUR ÉTOFFES (Voir *Toiles peintes*).	
JUTE (Teillage du) (Voir *Teillage*).	
LIN (Teillage en grand du) (Voir *Teillage*).	
MÉNAGERIES	*Interdiction, quand la ménagerie renferme des bêtes féroces ou venimeuses.*
MOULINS à broyer le plâtre, la chaux, les cailloux et les pouzzolanes. . .	*Interdiction dans les locaux où les poussières provenant des opérations se dégagent librement.*
NOIR MINÉRAL (Fabrication du) par le broyage des résidus de la distillation des schistes bitumineux. . .	*Interdiction dans les locaux où les poussières se dégagent librement.*
OUATES (Fabrication des).	*Interdiction dans les locaux où les poussières se dégagent librement.*
PAPIERS (Fabrication de)	*Interdiction du travail des enfants pour le triage et la préparation des chiffons.*
PEAUX (Lustrage et apprêtage des). .	*Interdiction dans les ateliers où se dégagent des poussières.*
PIPES A FUMER (Fabrication des). . .	*Interdiction dans les locaux où les poussières se dégagent librement.*
PLATRES (Fours à)	*Interdiction dans les locaux où les poussières provenant du broyage, du blutage, etc., se dégagent librement.*
POÊLIERS FOURNALISTES , poêles et fourneaux en faïences et terre cuite (Voir *Faïence*).	
PORCELAINE (Fabrication de).	*Interdiction dans les locaux où les poussières provenant du broyage, du blutage, etc., se dégagent librement.*

ÉTABLISSEMENTS	CONDITIONS
POTERIES DE TERRE (Fabrication de) avec fours non fumivores.	*Interdiction dans les locaux où les poussières provenant du broyage, du blutage, etc., se dégagent librement.*
POUZZOLANE ARTIFICIELLE (Fours à).	*Interdiction dans les locaux où les poussières provenant du broyage, du blutage, etc., se dégagent librement.*
RÉFRIGÉRATION (Appareils de) par l'acide sulfureux.	*Interdiction dans les locaux où se dégage l'acide sulfureux.*
SOIE (Voir *Chapeaux*).	
SOIE (Voir *Filature*).	
SOIES DE PORC (Préparation des). . .	*Interdiction dans les locaux où les poussières du battage se dégagent librement.*
SOUFRE (Pulvérisation et blutage du).	*Interdiction dans les locaux où les poussières du broyage, blutage, etc., se dégagent librement.*
SUPERPHOSPHATE de chaux et de Potasse (Fabrication du).	*Interdiction dans les locaux où se dégagent les poussières des opérations ou les vapeurs du traitement par les acides.*
TABACS (Manufactures des).	*Interdiction dans les locaux où l'on démolit les masses.*
TANS (Moulins à).	*Interdiction dans les locaux où les poussières se dégagent librement.*
TANNERIES.	*Interdiction dans les locaux où les poussières se dégagent librement.*
TEILLAGE DU LIN, du chanvre et du jute en grand.	*Interdiction dans les locaux où les poussières se dégagent librement.*
TEINTURERIES	*Interdiction dans les locaux où l'on emploie des matières toxiques.*
TEINTURERIES DE PEAUX	*Interdiction dans les locaux où l'on emploie des matières toxiques.*
TERRES ÉMAILLÉES (Fabrication de). .	*Interdiction dans les locaux où l'on emploie des matières toxiques.*
TOILES (Blanchiment des) (Voir *Blanchiment*).	
TOILES PEINTES (Fabriques de). . . .	*Interdiction dans les locaux où l'on emploie des matières toxiques.*
TOLES ET MÉTAUX Vernis	*Interdiction dans les locaux où l'on emploie des matières toxiques.*
VERNIS (Atelier où l'on applique le) sur les chapeaux (Voir *Chapeaux*).	

ÉTABLISSEMENTS	CONDITIONS
VERRERIES, Cristalleries et manufactures de glaces.	*Interdiction dans les locaux où se dégagent les poussières des opérations ou dans lesquels il est fait usage de matières toxiques.*
VESSIES nettoyées et débarrassées de toute substance membraneuse (Ateliers pour le gonflement et le séchage des).	*Interdiction du travail des enfants pour le soufflage. Danger d'affections pulmoniares.*

OBLIGATIONS D'INSTRUCTION

Signalons immédiatement la différence qui existe entre le *certificat d'études* et le *certificat d'instruction élémentaire*.

Le certificat d'études ne se délivre qu'à la fin des études primaires, à la suite d'un examen portant sur toutes les matières des programmes. Il constate que l'enfant a reçu et possède bien son instruction primaire complète.

Le certificat d'instruction primaire élémentaire, beaucoup moins étendu que le précédent, a été créé spécialement pour permettre aux enfants de se livrer au travail industriel sans terminer leurs études primaires. Il représente le minimum obligatoire de connaissances qu'on exige d'eux et se délivre à la suite d'un examen qui comporte :

La lecture ;

L'écriture ;

Les trois premières règles d'arithmétique ;

Le système métrique.

Voici quelles sont les obligations du patron au point de vue de la scolarité.

Les enfants *de 10 à 12 ans* ne peuvent travailler plus de 6 heures par jour, comme nous l'avons dit. Ils doivent fréquenter l'école pendant le temps libre du travail, au moins 2 heures par jour et le patron *doit veiller à cette fréquentation*.

Elle est constatée par une *feuille de présence* ou un petit *carnet individuel* que l'enfant emporte tous les samedis pour le faire signer à l'instituteur ou à l'institutrice, qui y consigne les jours de présence de l'enfant pendant la semaine. Celui-ci rapporte tous les lundis ce carnet chez le patron, qui le garde pendant la semaine pour le présenter à toute réquisition de l'inspecteur.

Le patron doit s'assurer si les parents de l'enfant ont fait à la mairie la déclaration nécessaire, 15 jours au moins avant la rentrée des classes et s'enquérir de l'école où l'enfant a été inscrit.

Certains industriels ont établi chez eux des écoles pour les enfants qu'ils emploient. Ils ne doivent pas oublier que le travail scolaire ne peut avoir lieu que de jour, c'est-à-dire jusqu'à 9 heures du soir.

Si l'enfant manque momentanément l'École du fait du patron, celui-ci doit faire connaître au directeur ou à la directrice les motifs d'absence. Ces motifs sont soumis à la Commission scolaire.

En ce qui concerne les enfants *de 12 à 15 ans qui n'ont pas leur certificat d'instruction primaire élémentaire* le patron ne peut les employer *plus de 6 heures par jour.*

Quant aux enfants *de 12 à 15 ans qui possèdent ce certificat élémentaire*, ils peuvent travailler 12 heures par jour.

Le *certificat d'instruction primaire élémentaire* peut être délivré à l'enfant par l'instituteur ou l'institutrice, l'inspecteur ou l'inspectrice, après examen. Il est délivré sur papier libre et gratuitement. Il doit être visé par le maire. L'inspecteur du travail a le droit de se le faire présenter par le patron et d'en contrôler la véracité.

Le patron doit donc se faire remettre ce certificat.

En voici un modèle :

Certificat d'instruction primaire élémentaire délivré en vertu de l'art. 9 de la loi du 19 mai 1874.

L'Instituteur (ou l'Institutrice), l'Inspecteur (ou l'Inspectrice) soussigné, certifie, en exécution de l'art. 9 de la loi du 19 mai 1874, que (nom et prénoms de l'enfant), âgé de (âge) a reçu l'instruction primaire élémentaire, comprenant la lecture, l'écriture, les trois premières règles de l'arithmétique et la connaissance pratique du système métrique. En foi de quoi a été délivré le présent certificat.

Le   18

SIGNATURE:

VISA DU MAIRE ET LÉGALISATION:

DES LIVRETS ET REGISTRE OBLIGATOIRES

Chaque enfant doit avoir un *livret individuel* délivré aux parents ou tuteurs de l'enfant, qui doivent en faire la demande, par la mairie (à Paris, à la Préfecture de police). Ce livret doit être visé par le maire et le patron doit veiller à ce qu'il soit tenu régulièrement.

Les maires y inscrivent les noms et prénoms de l'enfant, la

NOTA. — La loi du 28 mars 1882 sur l'instruction primaire a édicté des obligations scolaires, qui incombent aux parents. En coordonnant cette loi avec celle de 1874, on peut énoncer les principes suivants, que nous croyons utile de donner, à titre de renseignements, bien que les patrons n'y puisent pas d'obligations personnelles.

Jusqu'à 12 ans, l'enfant ne peut travailler, dans les 14 industries où il est exceptionnellement admis, que 6 heures par jour et est astreint à la fréquentation de l'Ecole (2 heures par jour au moins), alors même qu'il aurait eu son certificat d'études à 11 ans.

A 12 ans, l'enfant ayant son certificat d'études est admis à la pleine liberté du travail, sans être astreint à fréquenter l'Ecole.

A 12 ans, l'enfant n'ayant que son certificat primaire élémentaire est admis à la pleine liberté du travail, mais est astreint à fréquenter l'Ecole (2 heures au moins par jour) jusqu'à 13 ans.

A 12 ans, l'enfant n'ayant pas son certificat primaire élémentaire ne peut travailler que 6 heures par jour et est astreint à fréquenter l'école (2 heures au moins par jour) jusqu'à 13 ans.

A 13 ans, l'enfant ayant son certificat primaire élémentaire est admis à la pleine liberté du travail, sans être astreint à fréquenter l'école.

A 13 ans, et de 13 à 15 ans, l'enfant n'ayant pas son certificat primaire élémentaire ne peut travailler que 6 heures par jour, sans être astreint à fréquenter l'école.

Au-dessus de 15 ans, aucune condition n'est exigée.

date et le lieu de sa naissance, ainsi que les mentions relatives à l'instruction en indiquant le temps de la fréquentation scolaire.

Le patron y inscrit la date de l'entrée de l'enfant chez lui et de sa sortie. Il conserve ce livret, qu'il doit présenter à toute réquisition de l'inspecteur du travail.

Il sera prudent au patron d'exiger aussi un extrait de l'acte de naissance de l'enfant, pour contrôler les indications du livret. Ces extraits sont délivrés gratuitement et sur papier libre.

Quant aux livrets, on les fait généralement payer, 0 fr. 15 centimes.

En outre des livrets, le patron est obligé de tenir un *registre*, sur lequel il doit reproduire toutes les indications du livret, le temps de fréquentation scolaire.

Ce registre doit exister pour chaque usine ou atelier. Il doit être tenu à jour, sans blancs, ratures ni surcharges.

Les municipalités tiennent ces registres à la disposition des industriels. Dans tous les cas, en voici un modèle :

DATE D'ENTRÉE	DATE DE SORTIE	NUMÉRO DU LIVRET	DATE DE LA DÉLIVRANCE OU DU VISA DU LIVRET	COMMUNE OÙ LE LIVRET A ÉTÉ DÉLIVRÉ	COMMUNE OÙ LES VISAS ANTÉRIEURS ONT ÉTÉ DONNÉS	NOM ET PRÉNOMS DE L'ENFANT (Les filles de 16 à 21 ans doivent être inscrites)	SEXE	DATE DE NAISSANCE	LIEU DE NAISSANCE	DOMICILE	VACCINÉ OU NON (FACULTATIF)	AYANT LE CERTICAT PRIMAIRE ÉLÉMENTAIRE	ALLANT A L'ÉCOLE	ACCIDENTS ET OBSERVATIONS

AFFICHAGE DANS L'ATELIER

L'affichage de la loi doit être fait d'une manière permanente et très visible dans tous les ateliers. Chaque industriel n'est tenu d'afficher que celui ou ceux des règlements qui se rapportent à son industrie et, s'il n'y a pas de règlements spéciaux, seulement la loi générale du 19 mai 1874.

Les préfectures tiennent ces affiches à la disposition des industriels (à Paris, la Préfecture de police).

. Le tableau d'emploi des enfants la nuit, doit aussi être affiché et signé par l'inspecteur.

SÉCURITÉ DU TRAVAIL, RESPONSABILITÉ

L'industriel est tenu de veiller avec soin à l'hygiène et à la salubrité de ses ateliers.

Il est responsable des accidents résultant de sa négligence ou de son imprudence et ne doit rien égargner pour prévenir ces accidents.

La loi a indiqué quelques prescriptions générales, qui sont les suivantes :

Dans les usines à moteurs mécaniques, les roues, les courroies les engrenages ou tout autre appareil, dans le cas où il aura été constaté qu'ils présentent une cause de danger, seront séparés des ouvriers de telle manière que l'approche n'en soit possible que pour les besoins du service.

Les puits, trappes et ouvertures de descente doivent être clôturés.

Les parties dangereuses et pièces saillantes mobiles des machines doivent être couvertes de couvre-engrenages, pour qu'on puisse admettre au travail des enfants au-dessous de 16 ans.

Il est interdit à ceux-ci de graisser, nettoyer, visiter ou réparer des machines en marche.

Mais ces prescriptions sont loin d'être complètes et de dégager la responsabilité des industriels, responsabilité très grande, comme on peut en juger par les lignes suivantes que nous empruntons à M. Tallon. « En principe, il a été reconnu par la jurisprudence que les patrons qui emploient des enfants ou des jeunes filles dans leurs ateliers, doivent les protéger contre leur impéritie, leur imprévoyance, leur étourderie même ; que l'enfant n'a ni la connaissance du danger, ni l'expérience, ni la prudence nécessaire pour se protéger lui-même ; que l'imprudence est, au contraire, inhérente à la légèreté du jeune âge, qu'elle est un fait prévu, inévitable ; que cette absence de discernement, ce défaut d'attention et de raison de la part des enfants sont forcément présumés par les chefs d'ateliers ; que dès lors, ils doivent suppléer au manque de prudence des enfants par des mesures et des moyens de précaution qui préviennent tout danger possible ; » ils ont, en un mot, à les mettre, par des moyens préservatifs, selon l'expression de la jurisprudence, à l'abri d'une imprévoyance fatale. Ces principes sont consacrés par de nombreuses décisions judiciaires. »

M. J. Périn cite la décision suivante, très nette : « Attendu, dit le jugement, que si les progrès incessants de l'industrie rendent indispensable, l'emploi, dans les usines, de machines dangereuses par elles-mêmes, tant à cause de la rapidité de leurs mouvements qu'en raison des rouages et engrenages qui les leur communiquent, c'est pour les chefs d'usines une obligation impérieuse, à laquelle se joint un devoir d'humanité, de prendre toutes les précautions et mesures nécessaires pour écarter complètement ou du moins pour diminuer les dangers que l'usage des machines entraîne, et pour protéger et garantir les ouvriers qu'ils emploient contre leur propre imprudence. »

Il ne faut pas oublier que dans le travail industriel en général, la menace est constante, permanente, qu'elle flotte, pour ainsi dire, sans cesse autour de l'ouvrier, et l'on doit déplorer l'insouciance trop grande avec laquelle on l'envisage. L'industriel, à force de vivre au milieu du danger, finit par se familiariser avec lui, par ne plus le voir, par ne plus y croire, jusqu'au jour où l'accident vient lui donner une sévère leçon.

Dans certaines régions, des Associations se sont constituées entre les industriels pour prendre chez eux, au moyen d'une inspection préventive très sérieusement organisée, toutes les mesures que la science et l'expérience ont sanctionnées pour prévenir les accidents du travail. Les résultats qu'elles donnent sont excellents. La première a été créée à Mulhouse, en 1867, par M. Engel-Dolfus. D'autres existent à Rouen et à Paris, ou sont en voie de création dans d'autres villes. L'Association parisienne des industriels pour préserver les ouvriers des accidents (1) constituée à Paris, sous la résidence de M. Émile Muller, a déjà pris une grande extension et rendu de nombreux et importants services.

Nous ne saurions trop engager les industriels à entrer dans ces Associations. Ils y trouveront une sécurité beaucoup plus grande et déchargeront en même temps leur responsabilité dans une grande mesure, en cas d'accident.

« L'appréciation du danger que présente une machine, dit M. Tallon, et des mesures à prendre pour en préserver l'ouvrier est manifestement très délicate. On doit cependant engager les industriels, dans leur propre intérêt, à se montrer fort soucieux de ces précautions. Ils pourront, par ce soin scrupuleux, s'il survient un accident, établir leur bonne foi devant la justice et éviter toute condamnation. »

En cas d'accident, l'industriel doit faire donner les premiers soins à l'ouvrier blessé et avertir immédiatement le commissaire de police ou l'autorité judiciaire du lieu.

Beaucoup de patrons s'imaginent, à tort, que l'assurance les couvre complètement. Les contrats d'assurance ne peuvent jamais délier les patrons de leur responsabilité correctionnelle.

---

(1) Association parisienne des Industriels pour préserver des accidents du travail les ouvriers de toutes spécialités. Siège social dans les bureaux du *Génie civil*, 6, rue de la Chaussée-d'Antin.

Et de plus, ces contrats cessent de couvrir la responsabilité civile de l'industriel, lorsque l'accident est le résultat d'une infraction aux lois et règlements relatifs à la sécurité des personnes et au travail des enfants. Les Compagnies d'assurances réservent formellement aujourd'hui cette clause dans leurs polices.

Enfin, les patrons doivent veiller au maintien de la décence et des bonnes mœurs dans leurs ateliers.

INSPECTION. — DROITS DES INSPECTEURS

24 Inspecteurs divisionnaires ont été chargés de veiller à l'exécution de la loi. Chacun d'eux est chargé d'une circonscription. Ils relèvent du Ministre du commerce et sont nommés par lui.

Ils sont aidés dans leur mission par les Inspecteurs départementaux, nommés par les Conseils généraux et qui sont placés sous le contrôle et la direction des Inspecteurs divisionnaires. Le Conseil général de la Seine a même créé des Inspectrices départementales et la légalité de leur nomination a été reconnue par la justice.

Les Inspecteurs ont entrée à toute heure de travail dans tous les établissements manufacturiers, usines, ateliers ou chantiers. Ils visitent les enfants. Le patron est tenu de leur présenter à toute réquisition : les *livrets*, le *Registre spécial*, les *certificats d'instruction* ou, s'ils n'existent pas, les *feuilles de présence aux écoles*.

Les Inspecteurs ont le droit de vérifier l'état d'instruction des enfants. Ils ont aussi le droit de se faire accompagner par un médecin ou par un homme technique, s'ils le jugent nécessaire.

Nota. — La loi du 9 septembre 1848 fixe à douze heures la durée du travail effectif des ouvriers dans les « usines et manufactures ». Elle a été remise en vigueur par la loi du 16 février 1883 et son exécution a été confiée aux Inspecteurs du travail des enfants.

Tout obstacle apporté à l'exécution de leur mandat, constitue une contravention.

Les contraventions sont constatées par les procès-verbaux des inspecteurs, qui font foi jusqu'à preuve contraire.

Dans les travaux souterrains, les gardes-mines peuvent dresser des procès-verbaux, concurremment avec les Inspecteurs du travail.

Les commissaires de police et plus généralement les officiers de police judiciaire, ont également le droit de s'introduire dans les établissements industriels, à toute heure et sans réquisition, pour se rendre compte de l'exécution de la loi et dresser procès-verbal des contraventions commises.

COMMISSIONS LOCALES

Le rôle des Inspecteurs a été complété par l'institution des *commissions locales*. Elles ont droit de visite dans les usines, ateliers et chantiers, où elles peuvent se faire accompagner par un médecin.

Dans le département de la Seine, il y a vingt-huit de ces Commissions locales. Elles sont doubles, les unes composées de dames et les autres d'hommes. Au-dessus d'elles, se trouve la *Commission départementale supérieure*, qui centralise le service pour Paris et les communes suburbaines, mais qui n'a pas le droit de visite.

Enfin, une *Commission supérieure* de 9 membres, nommés, par le Président de la République, est à la tête du service de l'Inspection en France.

DES SANCTIONS DE LA LOI

Toute contravention à la loi et aux règlements d'administration publique qui la complètent est poursuivie devant le tribunal correctionnel.

La responsabilité pénale pèse toujours sur le chef d'industrie, à moins qu'il ne soit suppléé d'une façon permanente par un directeur ou un gérant, et alors même que l'enfant aurait été embauché et payé par un ouvrier ou un contremaître.

L'exception de bonne foi n'est admise que dans un seul cas, c'est lorsque le patron a été lui-même frauduleusement induit en erreur.

Les chefs d'industrie sont civilement responsables des condamnations prononcées contre leurs directeurs ou gérants.

Les contraventions sont punies d'une amende de 16 à 50 francs. Elles entraînent un casier judiciaire.

L'amende se cumule en raison du nombre des contraventions, sans toutefois que le chiffre total puisse excéder 500 francs.

Si, après une condamnation, une nouvelle contravention est relevée moins de douze mois après le jugement, il y a récidive et l'amende est alors de 50 à 200 francs. La totalité des amendes ne peut cependant excéder 1,000 francs.

En cas de récidive, le tribunal peut ordonner l'affichage du jugement et l'insertion dans un ou plusieurs journaux du département.

L'obstacle mis à l'accomplissement des devoirs des agents de l'autorité est puni d'une amende de 16 à 100 francs.

LOI

SUR LE TRAVAIL DES ENFANTS ET DES FILLES MINEURES EMPLOYÉS DANS L'INDUSTRIE.

(Des 25 novembre 1872, 10 février 1872 et 19 mai 1874.)

Promulguée le 4 juin 1874.

L'ASSEMBLÉE NATIONALE A ADOPTÉ LA LOI dont la teneur suit :

SECTION PREMIÈRE.

AGE D'ADMISSION. — DURÉE DU TRAVAIL.

ART. 1er. — Les enfants et les filles mineures ne peuvent être employés, à un travail industriel, dans les manufactures, fabriques, usines, mines, chantiers et ateliers, que sous les conditions déterminées dans la présente loi.

ART. 2. — Les enfants ne pourront être employés par des patrons, ni être admisdans les manufactures, usines, ateliers ou chantiers avant l'âge de douze ans révolus.

Ils pourront être, toutefois, employés à l'âge de dix ans révolus dans les industries spécialement déterminées par un règlement d'administration publique, rendu sur l'avis conforme de la Commission supérieure ci-dessous instituée.

ART. 3. — Les enfants, jusqu'à l'âge de douze ans révolus, ne pourront être assujettis à une durée de travail de plus de six heures par jour, divisée par un repos.

A partir de douze ans, ils ne pourront être employés plus de douze heures par jour, divisées par des repos.

SECTION II.

TRAVAIL DE NUIT, DES DIMANCHES ET JOURS FÉRIÉS.

ART. 4. — Les enfants ne pourront être employés à aucun travail de nuit jusqu'à l'âge de seize ans révolus.

La même interdiction est appliquée à l'emploi des filles mineures, de seize à vingt et un ans, mais seulement dans les usines et manufactures.

Tout travail entre neuf heures du soir et cinq heures du matin est considéré comme travail de nuit.

Toutefois, en cas de chômage, résultant d'une interruption accidentelle et de force majeure, l'interdiction ci-dessus pourra être temporairement levée et pour un délai déterminé par la Commission locale ou l'inspecteur ci-dessous institué, sans que l'on puisse employer au travail de nuit des enfants âgés de moins de douze ans.

ART. 5. — Les enfants âgés de moins de seize ans et les filles âgées de moins de vingt et un ans, ne pourront être employés à aucun travail par leurs patrons, les dimanches et fêtes reconnues par la loi, même pour rangement de l'atelier.

ART. 6. — Néanmoins, dans les usines à feu continu, les enfants pourront être employés la nuit ou les dimanches et jours fériés aux travaux indispensables.

Les travaux tolérés et le laps de temps pendant lequel il devront être exécutés, seront déterminés par des règlements d'administration publique.

Ces travaux ne seront, dans aucun cas, autorisés que pour des enfants âgés de douze ans au moins.

On devra, en outre, leur assurer le temps et la liberté nécessaires pour l'accomplissement des devoirs religieux.

SECTION III.

TRAVAUX SOUTERRAINS.

Art. 7. — Aucun enfant ne peut être admis dans les travaux souterrains des mines, minières et carrières avant l'âge de douze ans révolus.

Les filles et femmes ne peuvent être admises dans ces travaux.

Les conditions spéciales du travail des enfants de douze à seize ans, dans les galeries souterraines, seront déterminées par des règlements d'administration publique.

SECTION IV.

INSTRUCTION PRIMAIRE.

Art. 8. — Nul enfant, ayant moins de douze ans révolus, ne peut être employé par un patron qu'autant que ses parents ou tuteur justifient qu'il fréquente actuellement une école publique ou privée.

Tout enfant admis avant douze ans dans un atelier devra, jusqu'à cet âge, suivre les classes d'une école, pendant le temps libre du travail.

Il devra recevoir l'instruction pendant deux heures au moins, si une école spéciale est attachée à l'établissement industriel.

La fréquentation de l'école sera constatée au moyen d'une feuille de présence, adressée par l'instituteur et remise chaque semaine au patron.

Art. 9. — Aucun enfant ne pourra, avant l'âge de quinze ans accomplis, être admis à travailler plus de six heures chaque jour, s'il ne justifie, par la production d'un certificat de l'instituteur ou de l'inspecteur primaire, visé par le maire, qu'il a acquis l'instruction primaire élémentaire.

Ce certificat sera délivré sur papier libre et gratuitement.

SECTION V.

SURVEILLANCE DES ENFANTS. — POLICE DES ATELIERS.

Art. 10. — Les maires sont tenus de délivrer aux père, mère ou tuteur, un livret sur lequel sont portés les noms et prénoms de l'enfant, la date et le lieu de sa naissance, son domicile, le temps pendant lequel il a suivi l'école.

Les chefs d'industrie ou patrons inscriront sur le livret la date de l'entrée dans l'atelier ou établissement, et celle de la sortie. Ils devront également tenir un registre sur lequel seront mentionnées toutes les indications insérées au présent article.

Art. 11. — Les patrons ou chefs d'industrie seront tenus de faire afficher, dans chaque atelier, les dispositions de la présente loi et les règlements d'administration publique relatifs à son exécution.

Art. 12. — Des règlements d'administration publique détermineront les différents genres de travaux, présentant des causes de danger ou excédant leurs forces, qui seront interdits aux enfants dans les ateliers où ils seront admis.

Aят. 13. — Les enfants ne pourront être employés dans les fabriques et ateliers indiqués au tableau officiel des établissements insalubres ou dangereux, que sous les conditions spéciales déterminées par un règlement d'administration publique.

Cette interdiction sera généralement appliquée à toutes les opérations où l'ouvrier est exposé à des manipulations ou à des émanations préjudiciable à sa santé.

En attendant la publication de ce règlement, il est interdit d'employer les enfants âgés de moins de seize ans :

1º Dans les ateliers où l'on manipule des matières explosibles et dans ceux où l'on fabrique des mélanges détonants, tels que poudre, fulminate, etc., ou tous autres éclatant par le choc ou par le contact d'un corps enflammé ;

2º Dans les ateliers destinés à la préparation, à la distillation ou à la manipulation de substances corrosives, vénéneuses, et de celles qui dégagent des gaz délétères ou explosibles.

La même interdiction s'applique aux travaux dangereux ou malsains tels que :

L'aiguisage ou le polissage à sec des objets en métal et des verres ou cristaux ;

Le battage ou grattage à sec des plombs carbonatés dans les fabriques de céruse ;

Le grattage à sec d'émaux à base d'oxyde de plomb dans les fabriques de verre dits *de mousseline* ;

L'étamage au mercure des glaces ;

La dorure au mercure.

Aят. 14. — Les ateliers doivent être tenus dans un état constant de propreté et convenablement ventilés.

Ils doivent présenter toutes les conditions de sécurité et de salubrité nécessaires à la santé des enfants.

Dans les usines à moteurs mécaniques, les roues, les courroies, les engrenages ou tout autre appareil, dans le cas où il aura été constaté qu'ils présentent une cause de danger, seront séparés des ouvriers de telle manière que l'approche n'en soit possible que pour les besoins du service.

Les puits, trappes et ouvertures de descentes doivent être clôturés.

Aят. 15. — Les patrons ou chefs d'établissement doivent, en outre, veiller au maintien des bonnes mœurs et à l'observation de la décence publique dans leurs ateliers.

SECTION VI.

INSPECTION.

Aят. 16. — Pour assurer l'exécution de la présente loi, il sera nommé quinze inspecteurs divisionnaires. La nomination des inspecteurs sera faite par le gouvernement, sur une liste de présentation dressée par la Commission supérieure ci-dessous instituée, et portant trois candidats pour chaque emploi disponible.

Ces inspecteurs seront rétribués par l'État.

Chaque inspecteur divisionnaire résidera et exercera sa surveillance dans l'une des quinze circonscriptions territoriales déterminées par un règlement d'administration publique.

Aят. 17. — Seront admissibles aux fonctions d'inspecteur, les candidats qui justifieront du titre d'ingénieur de l'État ou d'un diplôme d'ingénieur civil, ainsi que les élèves diplômés de l'école centrale des arts et manufactures et des écoles des mines.

Seront également admissible ceux qui auront déjà rempli, pendant trois ans au moins, les fonctions d'inspecteur du travail des enfants ou qui justifieront avoir dirigé ou surveillé, pendant cinq années, des établissements industriels occupant cent ouvriers au moins.

Art. 18 — Les inspecteurs ont entrée dans tous les établissements manufacturiers, ateliers et chantiers. Ils visitent les enfants ; ils peuvent se faire représenter le registre prescrit par l'art. 10, les livrets, les feuilles de présence aux écoles, les règlements intérieurs.

Les contraventions seront constatées par les procès-verbaux des inspecteurs, qui feront foi jusqu'à preuve contraire.

Lorsqu'il s'agira de travaux souterrains, les contraventions seront constatées concurremment par les inspecteurs ou par les gardes-mines.

Les procès-verbaux seront dressés en double exemplaire dont l'un sera envoyé au préfet du département et l'autre déposé au parquet.

Toutefois, lorsque les inspecteurs auront reconnu qu'il existe dans un établissement ou atelier une cause de danger ou d'insalubrité, ils prendront l'avis de la Commission locale ci-dessous instituée, sur l'état de danger ou d'insalubrité, et ils consigneront cet avis dans un procès-verbal.

Les dispositions ci-dessus ne dérogent point aux règles du droit commun, quant à la constatation et à la poursuite des infractions commises à la présente loi.

Art. 19. — Les inspecteurs devront, chaque année adresser des rapports à la Commission supérieure ci-dessous instituée.

SECTION VII.

COMMISSIONS LOCALES.

Art. 20. — Il sera institué, dans chaque département, des commissions locales, dont les fonctions seront gratuites, chargées : 1º de veiller à l'exécution de la présente loi ; 2º de contrôler le service de l'inspection ; 3º d'adresser au préfet du département sur l'état du service et l'exécution de la loi, des rapports qui seront transmis au ministre et communiqués à la Commission supérieure.

A cet effet, les Commissions locales visiteront les établissements industriels, ateliers et chantiers ; elles pourront se faire accompagner d'un médecin quand elles le jugeront convenable.

Art. 21. — Le Conseil général déterminera, dans chaque département, le nombre et la circonscription des Commissions locales ; il devra en établir une au moins dans chaque arrondissement ; il en établira, en outre, dans les principaux centres industriels ou manufacturiers, là où il le jugera nécessaire.

Le Conseil général pourra également nommer un inspecteur spécial rétribué par le département ; cet inspecteur devra toutefois agir sous la direction de l'inspecteur divisionnaire.

Art. 22. — Les commissions locales seront composées de cinq membres au moins et de sept au plus, nommés par le préfet sur une liste de présentation arrêtée par le Conseil général.

On devra faire entrer, autant que possible, dans chaque Commission, un ingénieur de l'État ou un ingénieur civil, un inspecteur de l'instruction primaire et un ingénieur des mines dans les régions minières.

Les Commissions sont renouvelées tous les cinq ans : les membres sortants pourront être de nouveau appelés à en faire partie.

SECTION VIII.

COMMISSION SUPÉRIEURE.

Art. 23. — Une commission supérieure, composée de neuf membres, dont les fonctions seront gratuites, est établie auprès du ministre du commerce ; cette commission est nommée par le président de la République ; elle est chargée ;

1º De veiller à l'application uniforme et vigilante de la présente loi ;

2º De donner son avis sur les règlements à faire et généralement sur les diverses questions intéressant les travailleurs protégés ;

3º Enfin d'arrêter les listes de présentation des candidats pour la nomination des inspecteurs divisionnaires.

Art. 24. — Chaque année, le président de la Commission supérieure adressera au président de la République un rapport général sur les résultats de l'inspection et sur les faits relatifs à l'exécution de la présente loi.

Ce rapport devra être, dans le mois de son dépôt, publié au *Journal Officiel*.

Le gouvernement rendra compte, chaque année, à l'Assemblée nationale, de l'exécution de la loi et de la publication des règlements d'administration publique destinés à la compléter.

SECTION IX.

PÉNALITÉS.

Art. 25. — Les manufacturiers, directeurs ou gérants d'établissements industriels et les patrons qui auront contrevenu aux prescriptions de la présente loi et des règlements d'administration publique relatifs à son exécution, seront poursuivis devant le tribunal correctionnel et punis d'une amende de seize à cinquante francs.

L'amende sera appliquée autant de fois qu'il y a eu de personnes employées dans des conditions contraires à la loi, sans que son chiffre total puisse excéder cinq cents francs.

Toutefois, la peine ne sera pas applicable si les manufacturiers, directeurs ou gérants d'établissements industriels et les patrons établissent que l'infraction à la loi a été le résultat d'une erreur provenant de la production d'actes de naissance, livrets ou certificats contenant de fausses énonciations ou délivrés pour une autre personne.

Les dispositions des articles 12 et 13 de la loi du 22 juin 1854, sur les livrets d'ouvriers, seront, dans ce cas, applicables aux auteurs des falsifications.

Les chefs d'industrie sont civilement responsables des condamnations prononcées contre leurs directeurs ou gérants.

Art. 26. — S'il y a récidive, les manufacturiers, directeurs ou gérants d'établissements industriels et les patrons seront condamnés à une amende de cinquante à deux cents francs.

La totalité des amendes réunies ne pourra toutefois excéder mille francs.

Il y a récidive lorsque le contrevenant a été frappé, dans les douze mois qui ont précédé le fait qui est l'objet de la poursuite, d'un premier jugement pour infraction à la présente loi ou aux règlements d'administration publique relatifs à son exécution.

Art. 27. — L'affichage du jugement pourra, suivant les circonstances et en cas de récidive seulement, être ordonné par le tribunal de police correctionnelle.

Le tribunal pourra également ordonner, dans le même cas, l'insertion de sa sentence, aux frais du contrevenant, dans un ou plusieurs journaux du département.

Art. 28. — Seront punis d'une amende de seize à cent francs les propriétaires d'établissements industriels et les patrons qui auront mis obstacle à l'accomplissement des devoirs d'un inspecteur, dés membres des commissions, ou des médecins, ingénieurs et experts délégués pour une visite ou une constatation.

Art. 29. — L'article 463 du Code pénal est applicable aux condamnations prononcées en vertu de la présente loi.

Le montant des amendes résultant de ces condamnations sera versé au fonds de subvention affecté à l'enseignement primaire dans le budget de l'instruction publique.

SECTION X.

DISPOSITIONS SPÉCIALES.

Art. 30. — Les articles 2, 3, 4 et 5 de la présente loi sont applicables aux enfants placés en apprentissage et employés à un travail industriel.

Les dispositions des articles 18 et 25 ci-dessus seront appliquées auxdits cas, en ce qu'elles modifient la juridiction et la quotité de l'amende indiquées au premier paragraphe de l'article 20 de la loi du 22 février 1851.

Ladite loi continuera à recevoir son exécution dans ses autres prescriptions.

Art. 31. — Par mesure transitoire, les dispositions édictées par la présente loi ne seront applicables qu'un an après sa promulgation.

Toutefois, à ladite époque, les enfants déjà admis légalement dans les ateliers, continueront à y être employés aux conditions spécifiées dans l'article 3.

Art. 32. — A l'expiration du délai sus-indiqué, toutes dispositions contraires à la présente loi seront et demeureront abrogées.

Délibéré en séances publiques, à Versailles, les 25 novembre 1872, 10 février 1873 et 19 mai 1874.

Le Président, Signé : L. BUFFET.

Les Secrétaires, Signé : FÉLIX VOISIN, FRANCISQUE RIVE, LOUIS DE SÉGUR, E. DE CAZENOVE DE PRADINE.

LE PRÉSIDENT DE LA RÉPUBLIQUE PROMULGUE LA PRÉSENTE LOI.

Signé : Maréchal DE MAC MAHON, duc DE MAGENTA.

Le Ministre de l'Agriculture et du Commerce, Signé : L. GRIVART

DÉCRETS ET CIRCULAIRES RELATIFS A LA QUESTION

DÉCRETS

Du 27 mars 1875. . . (Emploi des enfants de 10 à 12 ans).
Du 12 mai 1875 . . . (Règlements sur les mines).
Du 13 mai 1875 . . . (Travaux fatigants et dangereux).
Du 14 mai 1875 . . . (Établissements insalubres).

Du 22 mai 1875 . . . (Travail de nuit et des dimanches).
Du 1er mars 1877. . . (Modification du décret du 27 mars 1875).
Du 2 mars 1877. . . (Verreries).
Du 3 mars 1877. . . (Travaux insalubres et dangereux).
Du 5 mars 1877. . . (Verreries).
Du 22 septembre 1879 (Travaux insalubres et dangereux).
Du 31 octobre 1882. . (Traction des fardeaux. Produits chimiques.
Travaux sur les toits).
Du 3 novembre 1882 (Triage des chiffons).
Loi du 16 février 1883 (Sur la durée du travail).

CIRCULAIRES MINISTÉRIELLES

Du 16 juillet 1874 . . (Commissions locales).
Du 25 août 1874 . . . (Formation des commissions locales).
Du 29 mai 1875 . . . (Fonctions des inspecteurs).
Du 20 juillet 1875 . . (Instruction primaire).
Du 29 août 1875 . . . (Accidents).
Du 14 octobre 1875. . (Extraits de naissance).
Du 12 février 1876 . . (Ateliers de couture).
Du 14 février 1876 . . (Nettoyage des chaudières).
Du 15 février 1876 . . (Surcharge).
Du 16 février 1876 . . (Certificats d'instruction).
Du 1er mars 1876. . . (Procès-verbaux).
Du 10 juillet 1876 . . (Obligations scolaires).
Du 16 janvier 1877. . (Applications aux petits ateliers).
Du 20 février 1877 . . (Certificat d'études).
Du 14 juin 1879 . . . (Accidents).
Du 21 novembre 1879 (Certificats d'instruction).
Du 14 avril 1881. . . (Procès-verbaux).
Du 16 février 1883 . . (Statistique).
Du 15 février 1884 . . (État des visites).

TABLE DES MATIÈRES

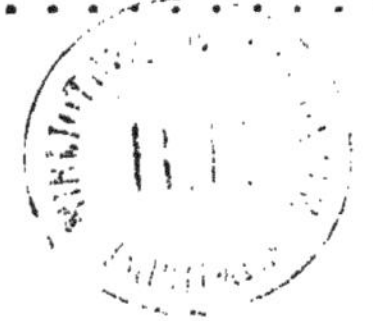

www.ingramcontent.com/pod-product-compliance
Ingram Content Group UK Ltd.
Pitfield, Milton Keynes, MK11 3LW, UK
UKHW021152140726
13695UKWH00005B/2086